AF139188

Dr. Martin Kreuels

EINE NACHT

gefühle kommen
nicht beeinflussbar
nicht steuerbar
nicht vorhersehbar

gefühle sind kalt
sind schwer
halten einen gefangen
nehmen das leben

gefühlswandel
von kalt zu warm
umschlagend

wandel benötigt ereignis
ein erdbeben
einen bergsturz
einen tod

leben ist wandel
berg und tal
wüste und oase
sommer und winter

gefühle sind warm
lassen dich atmen
das leben wird bunt
weich, ruhig

ohne gefühle
sind wir maschinen
kalt
abschaltbar

dafür leben wir
auf der suche nach dem gefühl
das uns antreibt
motor des lebens

leben ist gefühl
das gute vom schlechten
versuche zu vergleichen
abwägen

versuche zu kategorisieren
gefühle sind frei
keine schubladen

nicht messbar

gefühle sind brutal
springen dich an
greifen dich an
sind da

manchmal gewollt
wir ergeben uns
werden überschwemmt
lassen es geschehen

werden umarmt
getragen
behütet
alles leicht
zart
hell

#

lebenswege
gerade strecken

brüche
umwege

wir gehen
ohne zu wissen
wohin
warum

wir treffen
entscheidungen
die andere
nicht verstehen

wir alleine
sind verantwortlich
für unser
tun

#

das netz
die bewegung
wir menschen

unser tun

wir
stossen an
das netz
schwingt

unser verhalten
hat konsequenzen
immer
ohne rücksicht

wir beeinflussen
täglich
unseren nächsten
gewollt oder nicht

wir
verändern
wege
unbewusst

werden

verändert
immer
jederzeit

der netzrand
schwingt
mehr

die mitte
schwingt
weniger

#

das fiktive netz
das natürliche
das strukturelle
die maschen des netzes

auf dem weg zum meer
gelangen wir
an die kreuzung

das netz
auf dem trockenen
fängt
keine fische

deshalb gehen wir
selbstbestimmt und mutig
weiter
zum meer

um dort
das netz
ins wasser zu werfen
für unseren fang

bleiben wir stehen
sterben wir
verhungern wir
zehren wir aus

#

die bibliothek

des lebens
ist voll
mit büchern

sie speicht
geschichten
gute
schlechte

die innere ruhe
kommt
wenn geschichten
alle gelesen sind

zeit
braucht
geduld
ein inneres ohr

das wissen
allgemeingut
für
alle

unsere geschichten
allgemeingut
für
alle

zum lernen
entwickeln
weiter
gehen

#

das leben als weg
dachte es geht immer gerade aus
du hast ziele
visierst sie an
gehst darauf zu
erreichst diese
fertig

irgendwann kommst du an eine gabelung
der gerade weg ist zu ende
eine entscheidung muss her

links oder rechts
keiner der wege zeigt ein ziel

beide wege verlaufen in kurven
haben sackgassen
führen durch wälder
durch gebirge
um ecken

angst ist da
nicht absehbar
wie soll ich planen
wenn das ziel nicht sichtbar ist
kein selbstvertrauen

dann triffst du menschen
sie wissen auch nicht wo es hin geht
haben träume
pläne
ziele

wir schließen uns zusammen
laufen gemeinsam

tauschen uns aus
helfen einander

der weg wird reicher
erfüllter
weil die zukunft unwichtig ist
das jetzt ist der weg

\#

wir tauchen ein in die zeit
steigen aus
gehen wege
hinterlassen spuren

verblassen
in der zeit
sind nur kurz zu sehen
und vergehen

wir bleiben zurück
schauen
beobachten das schwächerwerden der spuren

bis diese verschwunden sind

erinnerungen in uns bleiben
nicht sichtbar für andere
wir versuchen diese wachzuhalten
uns zu erinnern

und doch verblassen sie

\#

wir gehen
geradeaus
voran
immer weiter

gehen alleine
auf uns fixiert
blind für andere

entscheiden
egoistisch
einsam

ohne reflexion

haben ein hohes tempo
eilen
rennen
rasen

wir schauen zur seite
da stehen andere
genauso alleine

wir gehen zusammen
entscheiden zusammen
verlangsamen uns
das leben wird besser

#

der anfang
der geschichte
ist beginn
meines endes

des ankommens
des schlages
durch den
knoten

er ist
begrenzung
tod
neuanfang

trauer
freude
lachen
tränen

er ist
das gehen
zum ende
zum start

#

gehen durchs leben

treffen entscheidungen
richtige
falsche

es ist ein graubereich
mal heller
mal dunkler
selten weiß oder schwarz

wir leben mit menschen
teilen tisch und bett
wünsche und ideen
das leben

diese müssen unsere entscheidungen ertragen
die mal gut
mal falsch
die ein jein sind

wir erziehen unsere kinder
glauben richtig zu handeln
werte zu haben

unsere kinder akzeptieren vieles
übernehmen einiges
lehnen ab
versuchen eigenes

graubereich
undefiniert
ohne klare regeln
keine vorgaben

es ist ein einlassen
beobachten
abwägen
tolerieren

zusammenleben geht nur mit vertrauen
dass ein plus unter dem strich zu sehen ist
das risiko ist da
täglich, augenblicklich

den richtigen weg vermitteln

was ist die alternative?

###

regen draußen
ich im cafe
die scheiben nass
feuchte luft

servierten auf tischen
bäumen sich auf
im raum
gegen den wind

ich spiele
mit ihnen
glätte sie
immer wieder

an anderen tischen
besteck auf servierten
silberne aufpasser
halten sie in form

sie leben

sind tod
existieren
handeln

materie
ohne gedanken
ziel
ahnung

\#

ein jahr
das letzte
wie das nächste jahr
die wiederholung

mein leben
langweilig
ewiger alltag
routine

mein leben
nutzlos

ohne mehrwert
für mich

ich bin ein rad
in einer firma
auswechselbar
ihr wille geschehe

ich funktioniere
nicht frage
nicht will

#

das cafe
fast leer
nur wenige
sitzen

verteilt
großräumig
der individualabstand
ist gesichert

der kellner
gelangweilt
steht rum
ohne arbeit

der kuchen
in der theke
einsam
ungegessen

\#

ein hotel
wie viele
von menschen
bewohnt

einsam
leben
tür an tür

kennen sich
nicht

wissen nichts
vom nachbarn

wie in hochhäusern
tür an tür
viele jahre
der name unbekannt

gesicht
unbekannt
die geschichte
dahinter versteckt

alleine gelebt
unerzählt
eingesperrt
im plattenbau

#

die einsamkeit
des berufs
als vertreter

lastet auf mir

geld genug
zu viel
immer und
jeden tag

ohne familie
ohne privatleben
nur hotels
kalte betten

mein leben
ist keines
die einsamkeit
auf dem beifahrersitz

sie schaut
mich an
ihr atem
kalt

ich

hasse
meine
einsamkeit

doch habe ich
sie gewählt
ungezwungen
damals

vielleicht
flucht
ausweg
damals

#

gedanken
früher
an vergangenes
wehmut

sie war
meine liebe

das studium
unser ort

reisen
lieben
blödsinn
machen

das studium
zu ende
ernsthaftigkeit
seriösität

sie will kinder
ich freiheit
trennung
die folge

fahre alleine
sie nun zu zweit
ein banker
als cowboy

gibt sicherheit
für kinder
die jägerin
zur bäuerin

nicht mein
leben
sehnsucht nach ihr
bleibt

#

schuld
in der vergangenheit
vergangenes
makel auf meiner seele

schuld ist
eine erfahrung
ich kann sie
negativ sehen

dann ist es

eine last
eine bürde
schwer

oder eine erfahrung
aus der ich
lerne
erkenntnisse sammle

dann ist
sie schild
wegweisung
hilfe

#

geduld
warten auf
abwarten
sich üben

unterdrücken von
emotionen

wünschen
erregungen

sich kontrollieren
ungeduld bekämpfen
negative gedanken reflektieren
aufgestaute energie umleiten

ausdauer haben
ruhe ausstrahlen
in sich ruhen
geduld üben

einüben
lernen
situation begreifen
spiegel im kopf

geduld ist
nicht meine
will sie lernen
begreife mich

ungeduld ist
streit, krieg
böse
fehlerhaft

geduld ist
größe
frieden
miteinander

geduld ist
liebe
ist zeit geben
ist raum

geduld ist
warten
bis der andere
kommt

#

leben allein

dann treffen
zusammen
gehen

ein stück
eine zeit
ein weg
vorübergehend

manche
für immer
andere
für ein wenig

dann neue
suche
präsentation
auf dem markt

nackter
handel
mit gefühlen
enttäuschungen

die prostitution
gegen
einsamkeit
und grübeln

#

vergangenheit
dinge geschehen
passieren
baustellen entstehen

wir stehen davor
bauarbeiter fehlen
handwerker sind schwer zu finden
manche arbeiten verrichten wir selbst
andere bleiben liegen

baustellen werden kaschiert
stauben zu
bleiben sichtbar

wir dekorieren

pflanzen blumen
die offene wunde bleibt

zukunft
neue menschen betreten unser land
sehen die baustellen und gehen weiter
andere betreten das land und wollen helfen
so wachsen konstruktionen

der richtige mensch kommt
sieht die fehler und bleibt
greift ein in unsere hilflosigkeit
wir arbeiten gemeinsam
bereiten das land für unsere zukunft

34

#

der jäger
in mir
immer noch
ich suche

laufe umher

irre umher
um zu finden
aber was

bindung
gewollt
fest im
visier

soll ich bindung
eingehen
weiß nicht
bin unsicher

bindungslos
suche die
leine
trage die schere

#

arbeiten
schaffen

den auftrag
ausführen

nie aufmerken
jammern
anklagen
das beste geben

unermüdliche arbeit
frisst des
menschen
seele

angst
steigt
wird mächtig
übernimmt

bis zum tod
ausweg
erleichterung
feierabend

#

eine frau
selbstbewußt
im cafe
einsam am tisch

allein
arbeitet
routiniert
konzentriert

hübsch
sportlich
attraktiv
zieht mich an

das cafe
leer
noch immer regen
an der scheibe

ruhe

stille
vereinzelt
eine tasse

#

ihr blick
streift
meinen
kurz

unsere blicke
anfänge von
müssen
haften bleiben

unmöglich
rutschen ab
ich wünsche
sie ignoriert

scheinbar
geschäftsfrau

nach außen
innen?

wie gelingt
mann
kontakt
zur frau?

#

sich öffnen
gefahr
risiko
angst

mein kern
liegt offen
ungeschützt
die kehle präsentiert

vertrauensvorschuss
suche
nach liebe

geborgenheit

für ein zuhause
sicherheit
oder
tod

#

die lust
nach süßem
befriedigung
ein ersatz

für schokolade
eine sucht
die das hirn
täuscht

der ausweg
etwas tun
will
kauen

die lust
des menschen
ein prinzip
der freude

\#

ich erwarte
den kontakt
das mehr

meine
lust
nach befriedigung
meiner wünsche

sie
steht nun neben
mir
lächelt

stachelt
mich an

die lust

#

ihre blicke
auf meinen
der blick
klebt

lächeln
kontakt
wärme
die sich ausbreitet

der raum
erwärmt
der regen
verdrängt

das
geschehen
verändert
mich

dinge ändern
sich
anfänge
nur ein lächeln

#

ihr lächeln
sprengt den fels
sprengt mich
mein herz

es rüttelt
an mir
verändert
wirft mich zurück

in der vergangenheit
das gefühl
bekannt
vergessen bis heute

begraben

unter
erlebtem
tonnenschwer

nun wieder
ganz vorn
ihr lächeln
verändert mich

gibt meinem fels
risse
es schmerzt
ich lächle

#

eine neue liebe
beendet
ein altes leben

veränderung
für zwei
zusammenführung

von wegen

der eine
neue
bedeutet
den tod des alten

der mut
für die bindung
ist der beginn
der sprache

das einlassen
auf das teilen
ist der sieg
über den egoismus

das behalten
die flucht
vor der aufgabe
des neuen

#

sie zu
spüren
bewirkt
veränderung

mein egoismus
weicht
der lust
der lenden

neue lust
nach sprache
wärme
geborgenheit

später zu sehen
die traumblase
platzt
ein schmerz

die chance
vergangen
ich wieder

alleine

#

sie nun
bei mir
spricht mich
an

überfall
das herz
rast
stockt

klebriger
blick
weicht
dem kontakt

ein mehr
entsteht
fesselt
mich

sie will
mich
fangen
im hotel

\#

mein
handy
klingelt
eine erinnerung

ein termin ruft
muss
weiter

alle routine
erloschen
eine frau
weckt meinem leben

nichts passiert
und doch

alles anders
als zuvor

\#

der neandertaler
in mir
der das weibchen
fängt

er zieht
an ihren haaren
die höhle
das nest

das weibchen
weich
zart
verletzlich

er unrasiert
grobe hände
grobes gesicht

schwitzende muskeln

das bild
vom mann
der
realität fern

die frau
selbstbewußt
macht mir
angst

#

sanfte wellen
fließen
werden begrenzt
vom warmen schnee

nach dem oben
die ebene
endet im dunkel
einer schlucht

die sich öffnet
und in zwei wege
sich teilt
am horizont verschwindet

die landschaft offen
hell und weich
naturgewalten
im inneren

erzittern
die kleinen pflanzen
bilden sich
kronen auf den wellen

tau legt sich
auf die landschaft
der strom füllt
die schlucht

plötzlich wieder ruhe
der warme schnee
bedeckt die landschaft

bringt dunkelheit allerorts

die wellen
laufen am strand auf
werden seichter
weicher

#

mein abschluss
der käufer
längst entschieden
das produkt verkauft

enttäuschung
ich als jäger
das reh ergibt sich
die jagd vorbei

ich will
kämpfen
ringen
siegen

ein geschenkter
sieg
kein sieg
niederlage

ich habe
verloren
das geld
in der hand

wertlos
weil
geschenkt
unverdient

#

die hoffnung
sie zu sehen
jetzt
aussichtslos

mein kopfkino

startet
der film
ein wunsch

das vormachen
vorhalten
meines
gedankens

blödsinn
und doch
die lenden
beben

ernüchterung
traurig
die realität
kalt

#

ich lebe
alleine

schlafe
alleine

das bett
kalt
leblos
ohne geruch

das frühstück
alleine
das essen
woher?

ich bin
alleine
will nicht
muss aushalten

das teilen
mein wunsch
das abgeben
von mir

#

straßen
gleichen bänder
aufgelegt
auf landschaften

sie sind
gleich
nur der klang
jeweils anders

wir fahren
von ort
zu ort
alleine

wir leben
zusammen
fahren alleine
kommen an

eine neue

gemeinschaft
am ziel
alles fremd

wir kennen
einander
nicht
anonym

#

leere landschaften
einsame felder
wälder
der blätter farben

verändern sich
mein spaziergang
der wunsch
unerfüllt

viele dörfer
schön

anzusehen
unbekannt

deren menschen
kontaktlos
gesichtslos

mich hetzt
der termin
er treibt
mein leben

meine wünsche
unerfüllt
unerreicht
leer

#

ich fahre
auf straßen
stunde um
stunde

unbekannt
nichts sagend
gedanken
hängen

fremde stadt
neues hotel
niemanden kennen
namenlose gesichter

mein zimmer
kalt
einrichtung
geschmacklos

mein leben
eine tasche
im zimmer
verteilt

das bett
fremd
kalt

geruchlos

\#

smalltalk
ich rede
immer
zu jeder zeit

sage
nichts
rede viel
leere worte

wochenlang
rede ich
sage nur
ungefüllte hülsen

vom reden
mein mund
trocken
ausgedörrt

und
doch
schweige
ich laut

niemand
hört
meine
hilfsschreie

#

ich bin
ein wanderer
geselle
der straße

ich ziehe
umher
von da nach
dort

lebe hier

und dort
bleibe
nie

spreche
und sage
nichts
bin still

bin dort
aber auch
nicht
da

hinterlasse
keine spuren
weil ich
nie war

spurenlos
tonlos
gesichtslos
vorbei

gehe
ich
hinterlasse
nichts

war nie
da
habe nichts
geschaffen

\#

zeit
vergeht
läuft
verrinnt

tick tack
zeit
die zurückliegt
eine sekunde

tick tack

zeit
die kommt
unendlich lang

tick tack
zeit
vergeht
gleich

ist
unbarmherzig
gibt mir
halt

läuft für uns
gegen uns
ignoriert uns
wir sind klein

#

das jetzt
ein moment

begonnen
und gleichzeitig zu ende

wir wollen
leben
im jetzt
aber wie

ich atme ein
zukunft
ich atme aus
vergangenheit

tick tack
sie lächelt
und tötet
uns

jeden tag
aufs neue
immer wieder
tick tack

#

vergangene
zeit
gestaucht
alles dicht

momente
liegen
beieinander
ohne lücke

warum?

rückt die zeit
zueinander
um lücken
zu füllen?

wird
vergessenes
durch anderes
aufgefüllt?

\#

in ruhe
gehen
schweigen
loslassen

ohne handy
musik
gespräche
schweigen

hören
in sich
hinein
innere stimme

das kind
in uns
redet
und redet

leise

flüsstern
ungehört
unbeachtet

es zu hören
ist aufgabe
bauchgefühl
ruhe

#

verlust
verloren
verlassen

es entsteht eine lücke
freiraum
leerraum

wir betrachten diese räume
wir bewahren
wir erhalten
wir wollen sie über die zeit retten

eine zeit lang

wir lösen uns
wir stehen auf
gehen weiter
verändern uns

dann beginnen wir diese zu füllen
neues entsteht
ersetzt
vertritt
füllt

auf dauer können wir mit lücken nicht leben
auf dauer können wir nicht von lücken leben

#

rückkehr
portier
schlüssel
hotelzimmer

das zimmer
leer
freudlos
tv langweilt

ich liege
das bett kalt
geruchlos
neutral

ich denke
träume
grüble
bin einsam

#

sehe wolken
dunkel
die dämmerung
rennt

neunzehn uhr

abendessen
lichtblick
ich stehe auf

suche
ablenkung
eine zeitung
etwas zum essen

nicht denken
wiederholen
meine gedanken
aus dem auto

ich bin alleine
esse
trinke
schlafe alleine

#

das restaurant
halbleer

ein tisch frei
am rand

ich scanne
erkenne
nur fremde
platz strategisch

ich schaue
mich um
suche ruhe
will reden

niemand da
bestellung
immer gleich
die zeitung trost

nachrichten
neu
ich bin
ein teil

vom neuen
kopfkino
die zeitung
nur alibi

#

einsamkeit
ein tippen
sie steht
neben mir

spricht
zu mir
mein herz
galoppiert

ich juble
innerlich
warum
nur ich?

wir essen

gemeinsam
die einsamkeit
vorbei

kribbeln
der hunger
fort

mein blick
klebt
an ihr

#

ihr blick
auf mir
in mir
ein losreißen

ihr blick
klebrig
auf meinem
wie süsser honig

verharrt
stockt
kurzer
stop

erkenne
kein schutz
durchschaubar
flucht unmöglich

sie sieht
meinen kern
das innere
ich

erkennt
mich
jetzt
und immer

ich will nicht
muss zulassen
aushalten

ich will sie

#

sie reißt
sich los
schweigen
gefühlschaos

meine reaktion
keine
warten
hoffen

minuten
vergehen
endlos
sie ist weg

ihr geist
treibt
sieht alles
uns

rückkehr
an den tisch
der fisch
zum essen

im augenblick
lauter fragen
endlos
aneinandergereiht

\#

worte
an mich
auf mich
in mich

weichen
werden gestellt
jetzt
kontrolllos

ihre

worte
als frage
durchstossen mein ohr

mein geist
stellt um
auf reden
ich kehre zurück

die situation
am tisch
aus dem raum
zurück

#

sie schaut
mich an
der gedanke
der rosa elefant

nicht denken
und doch

das hirn
selbständig

die seele
berührt
die antwort
wartet

die reaktion
verzögert
unendlich
scheinbar

#

ich zögere
bin unsicher
bleibe
zurück

zweifle
die antwort
auf ihre

frage

wer ist
sie
die dort
sitzt

mir unbekannt
getäuscht
verirrt
falscher mensch

meine antwort
nur gefühl
aus mir heraus
die fügung

meine seele
gehalten
in
meinem körper

ich

transportbox
gefängnis
auto

ich trage
mich
körperlos
im körper

meine seele
entschieden
vor unzeiten
drüben

lerne dazu
entwickle
mich

das ziel
nicht klar
fortschritt
wohin

gleichzeitig
wunsch
zukunft
tod

#

die frau
gegenüber
eine nonne
missionarin?

meine gedanken
essen
wein
sex

möchte nicht
bekehrung
aufklärung
will spaß

mal schauen

was wird
wohin
es geht

der trieb
körperlich
hirnlos
die qualle

das tier
in mir
gonaden
steuerung

#

ich entgegne
wehre
mich
kämpfe

der bekehrerin
entgegnet

gekontert

nicht den willen
ihren
annehmen
müssen

die missionarin
kreuzritterin
nur provokation
ein test?

#

sehen
im anderen
den spiegel
unseres kopfkinos

denken
für den anderen
meinen
zu wissen

glauben
die erkenntnis
gewonnen
zu haben

dabei
vermuten
und glauben
wir nur

#

des lebens
sinn
ist anders
als wir glauben

wissen
nicht wohin
sondern
hoffen und bangen

die aufgabe

des lebens
ist
erkenntnis

ob wir wollen
oder nicht
ob plan
oder planlos

#

die vorsehung
ein weg
eingeschlagen
gegangen

wir wissen
nichts
kennen
kein ziel

hoffen
bangen

glauben
denken

wir lehnen
ab
und nehmen
an

am ende
können
wir nichts
nur warten

#

high hopes
hinter der tür
ist es grüner
riecht es besser

wollen
ins paradies
definition

unklar

der eine mag
essen, huren
der andere
nur frieden

wir erschaffen
unser
paradies
selbst

aber
verantwortung
geben wir ab
gerne

#

mein bild
von ihr
verwandelt

aus reden
geschwafel
wird inhalt
unbekanntes ziel

aus
konfrontation
nähe
wärme

ich mag sie
warum?
ich weiß
es nicht

das was kommt
mag kommen
zur zeit
im jetzt

#

aufstehen

ankleiden
gehen zur arbeit
sprechen, laufen
berühren uns
tragen eine schutzschicht

abends zu hause
verschließen die tür
ausgezogen
gehen nackt ins bett

ohne schutzschicht beide

nur manchmal
wir öffnen uns
legen die schutzschicht ab
geben uns hin

präsentieren die kehle
gehen das risiko ein, verletzt zu werden
brauchen nähe
wärme

#

ein anstieg
sanft
wie eine welle
der gipfel nicht spitz
nicht schroff
nicht steil
das plateau nur zur hälfte zu sehen

ein abstieg nicht sichtbar
verborgen unter einer weißen schicht
die sich um die sanfte wölbung legt

keine kälte geht von ihr aus
wärme strahlt sie ab

die landschaft liegt in weißen falten
erstreckt sich über eine ebene
liegt in ruhe vor mir

ich kann diese landschaft spüren
kann sie berühren

kann sie riechen
spüre, wie ein hauch von duft sie umhüllt

langsam berühre ich diese welle
die sich auf mich zubewegt
mir entgegenkommt
und ich genieße ihre nähe

#

menschen gehen alleine
gehen zusammen
teilen leben
wege

menschen finden sich
lieben sich
entscheiden gemeinsam
helfen

feiern gute zeiten
stützen sich in schlechten
keine bewertung

rechnen nicht auf

liebe ist von außen nicht zu verstehen
es zählt nur zwischen den beiden
einander kennen

sind zusammen
genießen zu zweit
müssen nicht reden
nur sein

vertrauen
einander achten
loslassen
lassen

haben gemeinsame ziele
aufgaben
erfüllen gegenseitige wünsche
sind eins

werden im lauf der zeit
teil des anderen

wachsen zusammen
stehen zueinander

immer und ohne fragen
weil es so ist
unerklärbar

#

nackter rücken
streichelnde berührungen
lust wächst
begierde

hüllen fallen
schutzlos
nacktheit
entscheidungen
ausbleibende gegenwehr

gefahr
angst
krankheit

schmerz

grenzüberschreitung
verletzung der seele
vertrauen
verdrängt

vereinigung
fragen

wissen
keine fehler
liebe wächst
vertrauen stärken

wir am anfang

#

am morgen
danach
die liebe
kühl

der morgen
müdigkeit
die gedanken
an gestern

ihr körper
der geruch
die lust
ihr mund

jetzt frühstück
alles
irgendwie
nicht wahr

und doch
die bande da
verknüpfung
erfolgt

#

eine ahnung

loser gedanke
angst
die zukunft?

früh auf
tisch gedeckt
sie im bad
kaffee dampft

zeitung
neuigkeit gelesen
und vergessen

sie kommt
setzt sich
trinkt kaffee
wortlos

schaue kurz auf
esse weiter
sind fertig

ich packe meine tasche

gehe zur arbeit
kalter kuss

verlasse das haus
das bett
kaltwarm

wortlosigkeit
nach vielen jahren
ich hoffe das erlebe
ich nicht

#

verstörung
der nacht
worte
fehlen

ich träume
bin wach
und denke
die erinnerung

die worte
im mund
versandet
der mund staubig

die gedanken
laut
ersetzen
die sprache

stille
trotz lärm
der kopf lauter
als der mund

das frühstück
beendet
halbwarme
verabschiedung

sie geht
ein termin
nicht mehr

#

das hotel
hinter mir
das auto
kalt

ich
friere
im

losgefahren
unkonzentriert
der weg
navibestimmt

bewegen
ohne denken
aufmerksamkeit
pflichterfüllung

alltag

da und nicht
leer
gedanken unterwegs

#

sirenen
rettungsfahrzeug
danach
der notarzt

täglich
in den städten
immer
und überall

ein kranker
oder verletzter
hilfe
überlebenswichtig

man hört
unberührt

nicht ich
unwichtig

das schicksal
fremdes
unwirklich
nicht meins

#

ich fahre
eine kurve
vor mir
der notarzt

ich ziehe
parallelen
sehe
ihren wagen

mein herz
stockt
das blut

gefriert

panik
steigt auf
entsetzen
alles kribbelt

will
schreien
rennen
alles gleichzeitig

kann
mich
nicht
bewegen

halte
steige aus
bin
entsetzt

der kopf

leer
chaosgewirr
kalt

#

grauen
angst, furcht
entgleitende situation
chaoswirbel im kopf

kopfexplosion
freifall der sinne
haltlos
bodenlos

grenzenlose panik
stockender atem
verschließt den körper
zugeschraubt

alles vibriert
energie steigt

weg wird gebahnt
muss raus
sammelt sich im zentrum

muskeln zum bersten gespannt
strom sucht öffnung
findet die lunge
hohlraum füllt sich

will platzen
braucht einen ausweg
luftröhre ist frei
strom steigt

dünnflüssige lava
aus der erde bricht
atem
schießt nach oben

bevor alles
zerreißt
zerplatzt
bricht der strom in meinen mund

stemmt ihn auseinander
soweit es geht
unkontrolliert
kreischt der strom

hinaus
um sich zu verteilen
verdünnen in der landschaft
entlastet mich

damit ich nicht zerplatze
durch die wucht
um mich zu retten
vor zu viel energie

lautloser strom
formt die luft zu schall
zu einem glaszerspringenden schrei
ein brüllen

der das entsetzen
greifbar macht
dem formlosen

eine form gibt

zurück bleibe ich
leer
ausgepumpt
ausgelaugt
kraftlos
ängstlich

während der schrei
weiter treibt
und leiser wird
bis er verstummt
als ob nichts war

#

sie ist es
zugedeckt
vom laken weiß

ihre
körperformen

wie letzte
nacht

das laken
das tuch
weiß
ihre hüfte

der kleine
hügel
im bett
auf der straße

der gipfel
kein
schnee
blutbedeckt

der
verkehr
geht
vorbei

#

ich stehe
bin gelähmt
die polizei
findet mich

wehrlos
abgeführt
entfernt
werde befragt

worte
prallen
auf mich
tonlos

leer
mein kopf
gefühle
im sturz

die ohren

hören
der kopf
schweigt

das herz
versteinert
der boden
fehlt

#

das gefühl
bodenlos
die panik
im körper

ich trage
sie mit
sie ist
in mir

panik
angst

verstörung
pausenlos

sehnsucht
ein schrei
ein sturz
fallen
höhlentief

unaufhaltsam
grenzenlos
geschwindigkeit
rase

das drehen
im kopf
die sinne
schwinden

#

die polizei
fragt

immer mehr
antwortlos

stehe
da
ohne worte
unbekannt

schlief
mit ihr
sie
unbekannt

ich drang
in sie ein
und wußte
nichts

sie nahm mich
maximale
nähe

kenne

nur
ihren
vornamen

namenlose
geschichte

\#

der nachmittag
vergeht
handlungslos
spurlos

zeit
steht
tick tack
ohne mich

die dämmerung
bedeckt
vertuscht
den tag

ich sitze
stehe
laufe
bewegungslos

die nacht
kriecht
hinein
lichtverdrängung

liege
angezogen
schlafe ein
kopf aus

ich wache auf

#

der morgen
danach
aufwachen
die wiederkehr

die panik
neben
dem bett
wartet schon

grinst
greift zu
würgt
schlägt

sie ist
kalt
gnadenlos
ungeduldig

die decke
als schutz
versagt
erdrückt mich

ergreife
die flucht
rituale

schützen

die angst
im bein
fesselt
meinen fuss

#

jeder
schritt
unsicherheit
angst

ich weiß
nicht
warum
wofür

die zeit
vergeht
und ich
stehe

trauer
einsamkeit
verwirrung
der gefühle

#

verlasse
gewohntes
steige
ins auto

ihres
war die
waffe
das ende

tötete
leben
zukunft
meinen teil

ein gefühl

eine hoffnung
ein leben
gemeinsam

#

die unfallstelle
wartet
unbeteiligt
unschuldig

ihre geschichte
meine
mit kreide
beendet

der verkehr
normal
rücksichtslos
unbeachtend

fahre
weiter

zur
wache

befragungstermin
wofür
weiß
nichts

meine
spuren
in
ihr

die
verbindung
nicht
mehr

die polizei
wartet
stellt
fragen

antworten
keine
ihr leben
mir unbekannt

#

die polizei
erzählt
die geschichte
ihres todes

ich höre
und höre
nichts
bin abwesend

bin
nervös
trage keine
verantwortung

bin nur

gast
in einer
episode

das leben
eine bühne
mein text
ungelernt

sie die
hauptfigur
ich der
statist

#

und doch
ich der
geliebte
der gast

reingestürzt
in ihr leben

teil
des ganzen

kann nicht
gehen
mich raushalten
so tun als ob

ihre
geschichte
jetzt
meine

unbeabsichtigt
beabsichtigt
von ihr
für mich

#

was bleibt
ein zerstörter
körper

unbrauchbar

ihre kleider
besudelt
zerrissen
verschmutzt

ihre tasche
heimatlos
familienlos
einsam

ich trage
sie
weiß nicht
warum, wofür

\#

ihr gepäck
der leerer körper
heimatlos

wohin
wo liegen
ziel
heimatstadt

körper
zerstört
kalte hülle
überführen

der erde
übergeben
pathologie fertig
ich bin so weit

überführung
veranlasst
mein kopf leer
planlos

die zeit
zu schnell
ich

bin die schnecke

#

gehe los
verlasse
den ort
meinen wendepunkt

einbildung
versteigen
reingesteigert
kopfkino

oder
mehr
ohne
zu wollen

geschehnisse
unveränderlich
und ich
ein teil

warum
unwissenheit
von mir
jetzt

das geschenk
für mich
als tasche
für das leben

mein leben
veränderung
in dieser
stadt

#

kopfkino
der alptraum am tag
immer wieder

das ego
es will wachsen

kontrolle
macht

es ist laut
hat große bilder
übermächtig
in farbe

es nervt
wiederholungen
immer der gleiche film
nur eine sequenz

bleibt haften
gleiche verhaltensmuster
gleiche abläufe

das ego kontrolliert
durch angst
lasse mich darauf ein
sicherheit
scheinbar

habe die möglichkeit
zu gehen
den film zu wechseln
den ton zu kappen

wir sind hinter dem ego
rausschmeißen
alle gedanken töten

können uns befreien
den eigenen film drehen
nicht nur abspielen
die eigene idee

\#

die trauer
eine tasche
die wir bekommen
die wir finden

ein geschenk
eine aufgabe

ein rucksack
egal

wir können sie
öffnen
oder verschlossen halten
nur tragen

darin
neues
schmerz
idee

das eigene leben
überdenken
innehalten
neu ausrichten

das öffnen
bedarf
mut
kraft

#

befragung
vorbei
der tag
verloren

ich lebe
eine tasche
mehr
meine fragen

antworten
fehlen
ich fahre
hinaus

ein tag
nachdenken
überlegen
reflektieren
losfahren

#

ein kleines
dorf
am wegesrand
meine abfahrt

hier bleiben
essen
nachdenken
laufen

fachwerkhäuser
enge gassen
eine kirche
ein marktplatz

supermarkt
bäcker
fleischer
ein hund bellt

kaufe ein

gehe weiter
verlasse
das dorf

steige auf
der hügel
leer
ein baum

eine bank
zum verweilen
zum ruhen
zum schauen

ausblick
gedanken
frei
sehen

#

dort sitze
ich

warte
schaue

kaue
schlucke
trinke
mechanisch

mein blick
entrückt
abwesend
nicht hier

nirgendwo
gedankenfluss
ohne ziel
kein ende

erinnerungen
vorstellungen
kreisel
um sie

zeit
vergeht
verstreicht
sonnenwanderung

#

ein vogel
singt
im baum
über mir

eine biene
kreist
summt
fliegt fort

eine maus
piepst
im gras
vor mir

ignoriert

mich
mein sitzen
bin luft

sieht den
krümmel
von mir
fallen

treibt
nicht
wartet
geduldig

#

ihre
tasche
bei mir
einsam

beschweigt
mich

redet nicht

wartet
neue bestimmung
welche?

ungeöffnet
inhalt
bekannt
oder nicht?

#

die sonne
sinkt
rot glühend
wolkenlos

ich sitze
still
esse
trinke

denke nicht
warte
worauf
unbekannt

ihre tasche
wartet
hofft
auf bestimmung

#

feuchtigkeit
steigt
auf
kälte

dunkelheit
kriecht
in mich
hinein

kühlt

mich
lässt mich
frieren

ich sitze
still
starre
ins nichts

mein leerer blick
unverständlich
ein spaziergänger
kommt

grüßt
blicke kreuzen
geht weiter
verschwindet

#

das dorf
unter mir

schweigt
beruhigt

die läden
geschlossen
leer
blinde fenster

bürgersteige
leer
menschenleer
am abend

eine papiertüte
spielt prärie
rutscht schabt
rollt vorbei

#

die stille
draußen
wird zur stille

im kopf

sie lähmt
stillstand
gedanken
ordnen sich

aus dem chaos
gefühle
der eigenen zeit
des selbst

und ist
damit
der neustart
für mein denken

#

eine eule
ruft
die sonne
fort

der mond
scheint
kalt
leuchtet blass

der baum
über mir
ein geist
tausend blicke

ich friere
bin müde
sterbe
meine vergangenheit

die augen
schwer
der atem
wolkig

#

der mond

wandert mit der zeit
folgt der
sonnenbahn

wirft schatten
im dunkeln
konturen
unbekannt

schritte
tritte
vom reh
auf der wiese

mich unbeachtend
bin unwichtig
das reh
geht

#

augen
geschlossen

sehe
dunkle blindheit

ich lerne
loszulassen
mich
und mein leben

die vergangenheit
geht
zergeht
stirbt

erlöscht
wie
sie
gestern erst

mein weg
zu ende
hier
am baum

meine augen
müde
geist
leer

glieder
schmerzen
alles kalt
feucht

es tropft
vom baum
trifft
ertränkt mich

mein anzug
spannt
falsche kleidung
nur tarnung

rollenspiel
geschichte
film

beendet

ziehe
mich aus
reiße
alles fort

bin nackt
im dunkeln
friere
nicht

nehme
die tasche
gehe den weg
zurück

lasse
alles zurück
unter
dem baum

meine letzte

verkleidung
mcine letzte
tarnung

laufe
renne
schreie
weine

kann loslassen
lachen
singen
freuen

#

den blick
ruhig
gerade aus
gerichtet

keine hast
oder eile

ruhe
im blick

das wetter
trüb
nieseln
kein mensch

der ast
der wassertropfen
an ihm
unbelaubt

der blick
auf den tropfen
bis ein windhauch
ihn fallen lässt

#

gehe zum auto
alte sachen
im kofferraum

kleide mich neu

gemütlich
nun ungetarnt
bin befreit
eingehüllt

sitze
im auto
lehne
mich zurück

lächle
schließe
die augen
schlafe

tief
wie lange
nicht
wie nie zuvor

auf dem

parkplatz
im dorf
am wegesrand

#

der mond
geht
schließt
die augen

ich öffne
meine
die sonne
am horizont

der bäcker
geöffnet
der fleischer
geschlossen

essen
trinken

mein gefühl
anders

heiter
fröhlich
das handy
aus

keine routine
rituale
kopfkino
kälte

warme gedanken
klar
strukturiert
deutlich

der weg zu sehen
das ziel
deutlich
vor mir

endlich
gewissheit

kein alltag
jetzt alles
neu
ungewiss

das tun
wird
bestimmt
der sinn

spürbar
benennbar
vor mir
das leben neu
geformt

#

achte das ich
damit kraft

wächst
erhalten bleibt

weil das du
an das ich
fordere
wünschen kann

damit daraus
ein wir
wird
für die zukunft

\#

ich nehme
die tasche
ihre sachen
mit pass

suche
ihre adresse
heimat

wohnung

programmiere
das navi
fahre
los

die landschaft
nicht eintönig
alles
bunt

die fahrt
keine routine
nicht gleichklang
abenteuer

freude
in mir
ein ziel
für mich

die firma

unwichtig
schon
vergessen

loyalität
verschwindet
sicherheit
unwichtig

#

später vormittag
ruhe
kehrt ein
pause am weg

das gefühl
der hochflug
landet
ruht

mein kopf
denkt

wieder
logisch

verpflichtungen
unwichtig
aber sorgen
verhinderbar

ich rufe
die firma
melde
mich

kündige
am telefon
breche
klare entscheidung

nicht verrückbar
endgültig
lebensunterhalt
ungewiss

egal
unwichtig
zum ersten
mal

die reise endet
hier
heute

#

muss brechen
mit früher
mit meiner
vergangenheit

muss
zerschneiden
die alten
banden

stählerne
herrscher

die götzen
in mir

das geld
unwichtig
das überleben
gesichert

das mehr
unwichtig
nicht brauchbar
belastung weg

der götze
bringt
abhängigkeit
angst

der bruch
mit der vergangenheit
wie ein bruch
seines genicks

ich töte
ihn
heute
in mir

die wunden
heilen
öffnen
mich

bringen
licht
in mein leben
zurück

lassen mich
dinge
sehen
frühe blindheit vorbei

ich lebe
weiter
will meinen

weg

will
nicht gehorchen
beten
hören

#

das telefonat
kurz
kein kampf
fehlende überredung

ich unwichtig
nur rädchen
eine nummer
auf dem lohnzettel

unbedeutend
der nächste
wartet
schon

ersetzt mich
lebt
mein leben
ab jetzt

nichts hält ewig
keine verführung
kein lob
nichts

#

das gespräch
beendet
ich schalte
aus

kurz
und knapp
vorbei
der schnitt

das handy nun

unwichtig
leer gesprochen
der akku trocken

die mülltonne
am parkplatz
die neue
heimat

für das kabel
die verbindung
zum früher

entsorgt
ohne heimat
verworfen
vorbei

kein handy
nicht erreichbar
weg

alleine

für mich
fahre
weiter

zu ihr
zum ziel
meine freude
steigt

#

mobile telefonie
erreichbarkeit
immer, überall
faszinierende technik

kommunikation
austausch
mit jedem
ohne grund, leider

lebensretter
schnelle reaktion

kurze wege
zu jeder zeit

buntes display
telefonieren nebensache
kamera, datenbank
internet

zeitloses mittel
tagesablauf verloren
feierabend unbekannt
ständiger begleiter

vertreibt
langeweile
einsamkeit

abhängigkeit
unvollständigkeit
ohne out

wenige gramm
plastik, metall

163

bunte lichter
sind das leben

mensch nicht mehr
individuell
unabhängig
unvernetzt

verlernt das
reflektieren
nachdenken
seinen weg zu finden

unbeeinflusst
begeistert
aus sich heraus
konsequent

werte, ansichten
lange diskussion
direktes gespräch
ruhe vorbei

#

ich fahre
durch landschaften
durch städte
halte hier

schaue da
essen was
fahre weiter
zeit fliegt

freiheit
für mich
ich ruhe
in mir

stille
um mich
kein zerren
ohne termin

als ob

ich schwimme
in einem
meer

auszeit
wie gelantine
ohne grenzen
kein ende

friere nicht
schwitze nicht
bin da
ständig

fühle mich
frei, ungebunden
grenzenlos
atme tief

der tag
vergeht
die nacht
ist warm

ich bin
nicht müde
erschöpft
bin glücklich

ich weiß
wohin
sehe das ziel
geschwindigkeit egal

#

irgendwann
nach
tagen
angekommen

ihre stadt
heimat
lebensort
burg

ein reihenhaus

an einer strasse
nicht auffällig
gewöhnlich

und doch
mein gefühl
spricht
es riecht

ihr duft
an der fassade
am strauch
an der tür

einbildung
wahrheit
ich nehme
den schlüssel

das haus noch
blind
die rolladen
herabgelassen

ich bin
unsicher
eintreten
oder schellen

wofür
sie ist fort
das haus
verwaist

#

bin gast
kam
als
besucher

schaue
mich
um

bin unsicher
nehme

meine
tasche

gehe
zum
haus
schließe auf

trete
ein
staubig
bin da

ein gefühl
von heimat
zuhause
angekommen

bin fremd
doch
zu hause
alles unbekannt

bekannt
bin fremd
stehe
im stillen

#

parke
meine tasche
der flur
dunkel

küche
wohnzimmer
bad
treppe

gästezimmer
badezimmer
leere räume
das haus zu groß

für ein leben

das haus
zu
mächtig

geplant
für mehr
familie
kinder

unerfüllt
nicht
abgeschlossen

ich stehe
im flur
denke nach
sehe bilder

gehe
nach unten
ins wohnzimmer
zur couch

dicker teppich
großes fenster
die rollade verdunkelt
sitze

ruhelos
gehe umher
mache licht
öffne die rollade

der garten
verwildert
undurchschaubar
hohe mauern

ungenutzt
verwunschen
dornen
dornröschen sie

träume
vom lachen
lüfte

und stehe

was wollte sie
hier alleine
ihre räume
kalt

das leben
im wohnzimmer
auf der couch
zwischen büchern

daneben
ein tisch
tee und kekse
verstaubt

zerkrümmelt
ungenießbar

#

ich bin hier

verpflichtet
zu
tun

muss putzen
reinigen
herrichten
für sie

für mich
einrichten
jetzt
mein

bin
nicht
nur
gast

besucher
auf
zeit

ordne
säubere
wasche
spüle

die tasche
auf der couch
beschließt
zu bleiben

das wohnzimmer
mein raum
ihr raum
ihr leben

#

der tag
abschied
vom körper
von ihr

der friedhof

nahe
wenige meter
gleich nebenan

hinter
der mauer
dem
garten

keine aufbahrung
ohne blick
der sarg
schlicht

nur pastor
sargträger
der sarg
und ich

zeremonie
kurz
routine
körperkalt

das grab
ungeschmückt
meine rose
alleine

kurzer segen
handschuhe fallen
träger fort
pastorenrücken

ich stehe
alleine
ihr sarg
vor mir

weiß nichts
denke nichts
tränen
laufen

fallen tief
feiner ton
auf hellem

holz

ich gehe
fort
nach hause
ihrem

meins hinter
der mauer
das fenster
zum grab

#

vergangenheit
erinnerungen
nicht abgeschlossen
aber vorbei
nicht mehr teil des jetzt

jetzt ist jetzt
mit eigenen abläufen
erfahrungen

entwicklungen

im kopf kommen sie wieder
die erinnerungen
versuchen sich einzumischen
einfluss zu nehmen
zu steuern

vergangenheit ist vergangenheit
ist da wo sie ist
im damals
liegt hinter uns
unsere augen sind im gesicht
nicht hinten am kopf

wir schauen nach vorne
unser blickfeld auch die seite
den menschen, der mit geht
uns begleitet
das blickfeld reicht nicht nach hinten

loslassen heißt auch abschließen
deutlich sagen, dass diese zeit vorbei ist

das sie nicht mehr dazu gehört
als einflussnehmer
nur als erfahrung

der blick nach hinten
verhindert die sicht auf die seite
die sicht auf das vorne
das gehen
das leben

vorwärts gehen
nicht rückwärts

#

was ist wahr?
der traum?
die realität?
das wachsein?

wer sagt uns
das ist traum
und findet nur im gehirn statt

und jetzt bist du wach

was ist
wenn wir im traum wach sind
und tagsüber im traum
wer schafft realität?

und was ist realität?
leben in zwei welten?
weltenbummler
wurmloch
innere zerissenheit?

#

was suche ich
will ich
woran denke
ich

sie im
kopf
im herzen

nicht übersteigert

traum
wunsch
sehnsucht
fata morgana

wohin
will ich
was habe ich
mein wunsch

will ankommen
will sie
familie
partnerschaft

entfliehen
der einsamkeit
schwere
traurigkeit

was finde ich

eine frau
eine nacht
ihren tod

was verbindet uns
was machte uns
zu dem
was war

bin ich
da
wohin
ich will

bin nun witwer
ehemann
partner
nur gespiel

oder mehr
vertrauter
freund
mann

was ist
einbildung
flucht
suche

#

mein platz
hier
muss warten
denken

zur ruhe
kommen
nachdenken
chaos entwirren

185

#

schlafe ein
träume
von ihr
unfall

sitze neben
ihr
schaue zu
sehe sie sterben

halte
ihre hand
entkörperter geist
sie schwebt

weine
wache auf
schreie
schwitze

die couch
mein bett
arbeitsplatz
habe hunger

\#

stunden kommen

gehen
vergehen
zu tagen

tage kommen
gehen
vergehen
zu wochen

wochen kommen
gehen
vergehen
zu monaten

monate kommen
gehen
vergehen
zu jahren

die zeit
eine feder
die den vogel kleidet
und davon fliegt

#

gedanken
sorgen
ängste
panik

gedankenspirale
werden enger
luft
bleibt aus

kampf dagegen
bedeutet kraft
energie
gegen die gedanken

enterprise
lässt grüßen
energie umleiten
in die lösung

der gedanke

steht im weg
verhindert die lösung
potenziert das problem

bis der schlaf
den gedanken löscht
und den weg
frei macht

\#

gehe raus
verlasse mein nest
hole essen
wasser

gehe zurück
gehe heim
esse trinke
lege mich hin

schlafe wieder
träume

von ihr
von mir

tage kommen
gehen
der rhythmus
gleich

wochen kommen
gehen
der zustand
bleibt

bin müde
das laufen
schmerzt
bin erschöpft

essen trinken
schlafen
duschen
schauen

in den garten
im zimmer
aus dem
küchenfenster

der kopf leer
die zimmer
wie oben
ich friere

lege mich
bedecke
mich
schlafe

wache auf
nachts
schwitze
sehe sterne

sehe den mond
schlafe wieder
esse

trinke

\#

im zimmer
alles still
draußen alles dunkel

gemütliche kleidung
eine tasse tee
ein buch auf meinem schoß
im hintergrund leise musik

meine augen sind müde
ich nicke ein
ein traum in meiner seele

die tür geht auf
eine grüne wiese
blumen blühen
tanzen im wind

eine frau

sie lächelt
tobt über die wiese
die sonne lacht zurück

wir spielen fangen
wir umarmen uns
lachen miteinander
tollen übereinander

liegen im gras
zählen die wolken
eng aneinander

auf einmal
alles weg
mein kopf zuckt hoch
das buch rutscht runter

ich bin wach
ich friere, alles kalt
allein in meinem zimmer
gehe zu bett
suche wärme

sie fehlt

\#

wieder ein monat
abgelaufen
die haare
gewachsen

die fingenägel
lang
ich rieche
dusche

ein weiterer
monat
schlafe viel
zu viel

weniger
wache mehr
schaue
warte

worauf
auf sie
das es
klingelt

der schlüssel
im schloss
ein klacken
ein schritt

stille
niemand
kommt
warten

mein rhythmus
asynchron
zum tag
wache nachts

schlafe tags
sehe
die sonne

nicht mehr

werde immer
trauriger
rutsche ab
gleite hinweg

die besinnung
fort
weggeblasen
entkommen

gedankenwelten
bauten
im gehirn
verdichtet

#

ich liege
die kacheln kalt
der küchenboden
die gardine weht

die kacheln
staubig
meine beine schwer
irgendwo knarrt eine tür

keine kraft aufzustehen
die arme liegen
flach
mein kopf daneben

die kacheln kalt
die tasse
zerbrochen neben mir
der wasserhahn tropft

draußen rufen kinder
ein auto hupt
ein hund bellt
die blätter rascheln

die sonne scheint
herein
mein atem flach

die augen müde

#

muss ändern
denken
gehen
verändern

stelle den wecker
versuche einen
rhythmus
gezeitengleich

muss wissen
wer hier
lebte
was sie ist

was sie dachte
wollte
lebte
liebte

#

der wunsch
da immer mehr
die kraft
fehlt

muss warten
mein wunsch
muss wachsen
gedeihen

der druck steigt
der wille kommt
der gedanke
immer da

#

bücher
neben
hinter
unter mir

romane
sachliteratur
lyrik
tagebücher

sie sehen
anders aus
andere
farbe so matt

sie fallen auf
verstreut
im regal
unauffällig
rufen sie

#

ich stehe auf
gehe zum
regal
zum schrank

fasse an
suche
ziehe raus
immer mehr

staple
bücher
der tisch
voll

verlasse
das wohnzimmer
suche
im nachbarzimmer

im haus
auf der anderen
etage
im keller

kehre zurück
sehe meine
funde

ordne

achtzehn bücher
tagebücher
ihre geschichtenbücher
ihr leben

#

will sie lesen
durcharbeiten
von neugierde
gefangen

getrieben
ich brauche
ruhe
räume auf

reinige
die letzten
zimmer
muss abschließen

entstauben
das haus
beleben
verjüngen

der tod
ist alt
knorrig
sperrig

#

zeit vergeht
gedanken kreisen
fliegen
umher

ich bin
fertig
habe abgeschlossen
meine arbeit

kann mich

einlassen
auf sie
ihr leben

habe ruhe
setze mich
schlage auf
das erste buch

kann nun
tauchen
einschwimmen
in sie

ein anderes
leben
ich
entkörpere mich

#

SCHULWECHSEL
ANDERER ORT

NEUE MÖGLICHKEITEN
NEUE MENSCHEN

VERLASSE MEIN
DORF
AUS EINER
STRASSE

GEHE FORT
MEINE ELTERN
VERSTEHEN
NICHT

WILL DAS ABITUR
DIE AUSBILDUNG
WILL NICHT
UNTERGEHEN

EINER GEHT MIT
MEIN NACHBAR
JÜRGEN
UNSCHEINBAR

LIEB
ZUVORKOMMEND
UNAUFDRINGLICH
SPORTLICH

GLEICHE KLASSE
BANK
LEHRER
SICHT

ICH MAG
IHN
EIN FREUND
BAUCHKRIBBELN

GEMEINSAME
FREIZEIT
ERSTE ANNÄHERUNG
BERÜHRUNGEN

ERSTER KUSS
HÄNDCHEN HALTEN
SPAZIERGÄNGE
ZEITENWÄNDE

LIEBE WÄCHST
JAHRE VERGEHEN
AUGEN FÜREINANDER
ANDERE UNWICHTIG

GEHEN UNSEREN
WEG

WOLLEN MEHR
LEBEN

KREISE
WERDEN GRÖßER
AUSFLÜGE
ZELTEN

ZU FUß
MIT DEM FAHRRAD
MIT SEINEM
MOTORRAD

ERSTE NACHT
ERSTE KÖRPERLICHKEIT
WÄRME
FREUDE

207

#

DER TAG
NACH DER NACHT
BESORGUNGEN
ER FÄHRT

DER ANRUF
DIE POLIZEI

DER UNFALL
JÜRGEN TOT

DIE KURVE
ZU STEIL
ER ZU SCHNELL
ZU GLÜCKLICH

DER BAUM
IM WEG
WIRKT
WIE EINE WAND

SEIN KÖRPER
ZERSCHMETTERT
SOFORT
VORBEI

MEIN LEBEN
VORBEI
STEHE AM GRAB
ALLEIN

FREUNDE
UM MICH
MITLEID
OHNE ELTERN

NUR EIN FREUND
BIN JUNG
FINDE NEUEN
WEITER GEHT'S

ICH VERSTEHE
NICHTS
MEINE LIEBE
GESTORBEN

ZIEHE MICH
ZURÜCK
SCHOTTE MICH
AB

WILL RAUS
WEG
VON KÄLTE
VON EINSAMKEIT

#

VATER, MUTTER
HANDWERKER
PRAKTISCHE
MENSCHEN

ZIELORIENTIERT
GEWINNORIENTIERT
GEFÜHLSARM
NEUES AUTO

VERSTÄNDNIS
NICHT VORHANDEN
FEHLT
GEFÜHLSVERDRÄNGUNG

DER SCHUTZ
NOTWENDIG
DIE AUSEINANDERSETZUNG
SCHMERZLICH

KONTROLLVERLUST
DIE BANDE
ZERSCHNITTEN
TIEF TRAURIG

DIE VERLETZUNG
NICHT HEILBAR
UNVERGESSEN
NICHT ENTSCHULDBAR

#

DISTANZ
WÄCHST
AUSGEWEITET
ABKAPSELN

GEHE ALLEINE
KEINE PARTYS
KEINE FEIERN
JUNGS UNWICHTIG

MEIN ZIMMER
MEINE BURG
DIE TÜR
VERSCHLOSSEN

KONZENTRATION
AUF SCHULE
AUSBILDUNG
ABITUR

#

ABITUR
FREIHEIT
NAHT
ER FEHLT

DAS LEBEN
SINNLOS
OHNE IHN
FARBLOS

GEHE FORT
STUDIERE
GEHE
INS LABOR

WERDE CHEMIKERIN
KONZENTRIERE MICH
ARBEITE
VIEL

STEHE MEINEN
MANN
ARBEITE
MÄNNLICH

MEINE GEFÜHLE
VERSCHLOSSEN
VERGRABEN
BEZIEHUNGSUNFÄHIG

SCHLIEßE
AUSBILDUNG

AB
JOBANGEBOT

NEHMEN AN
GEHE WEITER
FORT IMMER
WEITER

KONTAKT
ELTERN
SPÄRLICH
ZEITWEISE ABGERISSEN

\#

BIN ERFOLGREICH
STEIGE AUF
VERDIENE GUT
KOMME RUM

BIN BELIEBT
MEIN KERN
ALLEINE
UNENDECKT

SEHE DIE WELT
ALLEINE

ER
FEHLT

#

DENKE VIEL
WIEDERHOLUNG
DES
GEBURTSHAUSES

ZIELORIENTIERT
GEWINNORIENTIERT
WEITER
HÖHER

GEFÜHLSVERARMT
ICH
MEINE ELTERN
IMMER ÄHNLICHER

GLEICHE
MICH AN
WERDE WIE
SIE

MUSS ÄNDERN
NEUEN WEG

GEHEN
NEUORIENTIERUNG

\#

EIN MANN
UMWIRBT MICH
WILL MICH
ZARTES GEFÜHL

ÜBERLEGE
LANGE
ÖFFNE MICH
GEBE MICH HIN

WILL ES
VERSUCHEN
WILL RAUS
ZWEISAMKEIT

GEHE EIN
DIE BINDUNG
ZIEHEN ZUSAMMEN
WIR HEIRATEN

SENDE ZEICHEN
MEINE TRAURIGKEIT

ER
IM HERZEN

ER
NEBEN MIR
FEIERN
HAUSBAU

ER
BLIND
SCHLÄFT
SIEHT NICHT

LIEBER KERL
KLUGER KERL
TAUB UND
BLIND

ER SCHLÄFT
WECKEN
UNMÖGLICH
ERFOLGLOS

#

ER WILL
FAMILIE

KINDER
MEHR

MEIN KÖRPER
VERSCHLOSSEN
KEINE
FRUCHT

KINDERWUNSCH
UNERFÜLLT
VORBEHALTEN
FÜR IHN

ICH WILL
NICHT
ZIEHE MICH
ZURÜCK

LEHNE
IHN AB
KÖRPERLICHKEIT
ZU VIEL

NÄHE
ZU WARM
ZU ENG
IMMER WIEDER

JAHRE VERGEHEN
VERSUCHE
BEFRUCHTUNGEN
ÄRZTE

MEIN KÖRPER
KEINE KINDER
WILL
NICHT LEBEN

#

ER
GIBT AUF
WILL NICHT
WEITER

GEHT
TRENNUNG
SCHEIDUNG
ALLEINE

MEINE TRAURIGKEIT
ZU GROß
UNGESEHEN
UNGEHÖRT

VERSUCHE
THERAPIEN
MEDIKAMENTE
NEUE ÄRZTE

#

STERBEN
DES EINEN
TÖTET
EINEN TEIL

MANCHMAL
NUR BEIN
NUR ARM
VERLOREN

MANCHMAL
MEHR
DIE SEELE
DAS LEBEN

DIE HÜLLE
BLEIBT
LEER
UNGEFÜLLT

MIT IHM
GESTORBEN
MEINE SEELE
MEIN LEBEN

#

STÜRZE MICH
WIEDER
IN ARBEIT
FÜHRUNGSPOSITIONEN

REISE
UM DIE WELT
SEHE LÄNDER
UMSATZSTEIGERUNG

REISE
ALLEINE
FREMDER
NEBEN MIR

REDE NICHT
SMALLTALK
PERFEKT
INHALTSLEER

\#

mein leben
suche
flucht
einsamkeit

heimatlos
nie ankommen
immer weiter
sinnlos

änderung
nur
durch
mich

nicht
andere
nicht
gegenüber

weiß

nicht weiter
fragen
ohne antworten

heute hier
morgen dort
orte
gesichtslos

\#

abbild von einem gegenstand
negativ von...
abbild auf...
abbild und fläche

schatten wirft nur
was da ist
zu sehen ist
greifbar ist

was ist mit dem gefühlten schatten
dem schatten, der nicht sichtbar ist

222

der verdunkelt
der verdeckt

er ist nicht greifbar
wird nicht akzeptiert
ignoriert
negiert

diesen schatten
sieht man nicht von außen
sehen andere nicht
können wir nicht teilen

der schatten in der sonne
hilft uns
spendet kühle
hilft die hitze zu ertragen

der schatten in uns
lässt uns erstarren
die kälte wird unerträglich
wir erfrieren

schatten ist sichtbar und wieder nicht
er schützt uns vor hitze
er lässt uns kraft sparen im wind
und

er tötet
wenn er die seele verdunkelt

#

ich treffe
spreche
gehe
spurlos

kreislauf
durchbrechen
ankommen
notwendig

job
verändern
aufgaben

abgeben

zum bleiben
atmen
kennenlernen

jetzt weiß
ich
wie es
gehen kann

jetzt
hab ich
mut
kraft

lesen
buch
ende
abgeschlossen

das tagebuch
nicht

weiter
unvollendet

meine geschichte
beginnt
hier
im buch

ungeschriebene
handlung
nicht
nachlesbar

#

sie in
der veränderung
im
wunsch

jetzt
neu gehen
treffen

leben

neue wege
menschen
begegnungen
chancen

und ich
welche
rolle
aufgaben?

ihr wunsch
unterbrochen
ihr unfall
zu früh

traum
gestorben
vor dem
anfang

#

erkenne
die frau
den menschen
in ihr

empfinde
zuneigung
verstehe
mich

finde mich
sehe parallelen
sehe mein
spiegelbild

sie
bin ich
ihr leben
mein leben

ankommen
der wunsch

das ziel
die motivation

\#

sie
sucht mich
nicht zufall
fügung

sie
zeigt mir
den weg
das ziel

ich beginne
sie neu zu
lieben
geschenk

die nacht
mehr
als sex

flüssigkeit

sie hat
mich gefunden
gleichklang
magneten

#
ihre trauer
ist meine
geteilt
halbschwer

muss
finden
den weg
für mich

um
konsequenzen
zu ziehen
auswege

halte inne
tränen laufen
tropfen auf
dem tagebuch

sie näher
mir
als ich
mir

#

verlasse
das haus
gefühl
different

fahre
umher
ziellos
scheinbar

ungerichtet

sehe nichts
wahrnehmung
blockiert

tage
vergehen
schlafe
im auto

esse nicht
trinke nicht
atme
denke

232

\#

nach tagen
gelange
zum ort
vom beginn

gehe
zur bank

weg bekannt
baum nah

warte
dunkelheit
zieht auf
umfliesst mich

nebel
steigt auf
stützt
den mond

#

ich ziehe
mich aus
sitze nackt
feuchtigkeit

wasser
tropft
kühlt

mich

benässt mich
sehe das reh
höre die maus
friere

der schnee
glitzert
sehe den
baum

sehe dich
du lächelst
dein gesicht
wärme

#

du ziehst
mich
ohne
berührung

ohne körper
ohne gewalt
nur wärme
licht

mein
körper
sinkt
ich sehe

er lächelt
neben mir
zuckt
augen geschlossen

körperlos
grenzenlos
am ziel
mit ihr

Epilog

Der Mensch entscheidet für sich allein. Mit Glück ist er in der Entscheidung frei, wir müssen sie nicht verstehen, denn sie ist individuell. Wir gehen unseren Weg, meist im Einklang mit anderen Menschen um uns herum, bis wir an eine Weggabelung gelangen, an der wir eine Entscheidung treffen müssen. Häufig lassen wir diese für uns treffen, von anderen, oder laufen einfach mit. Manchmal treffen wir eigene, unabhängige Entscheidungen, gehen den anderen Weg, lassen bisherige Wegbegleiter alleine weitergehen und schließen uns anderen an.

Die Zurückgelassenen verstehen uns nicht, versuchen uns zu halten, zu überzeugen, doch mit ihnen zu gehen. Unsere Entscheidung ist ihre Veränderung, die sie nicht wollen. Die neuen Wegbegleiter müssen uns erst noch kennenlernen. Diese Zeit zwischen den Welten ist unsere Einsamkeit, in der wir lernen müssen, mit unserer Entscheidung leben zu können. Auf einmal ist unsere Entscheidung eine, die nur für uns, ohne Absprachen mit anderen, gilt.

Mit etwas Glück wechseln wir nur den Wegbegleiter, mit Pech bleiben wir alleine.

Wichtig ist, dass wir Entscheidungen treffen. Welche wir treffen ist egal, Hauptsache wir können mit ihnen leben. Ob andere uns verstehen, ist nicht unsere Aufgabe zu prüfen.

Wir befinden uns in einem Netz. Die, die in der Mitte stehen, werden bestimmt und können dafür nicht fallen, weil alle sie halten. Die, die am Rande stehen, haben Freiheiten, leben aber auch in der Gefahr, dass sie vom Netz abreißen und fallen.

Es gibt Mutige, die zwischen den Netzen wandern. Sie reißen sich vom alten Netz los und hinterlassen, weil das nur mit Gewalt geht, große Schwingungen. Diese Schwingungen brauchen sie, um Schwung zu holen, um das andere Netz zu erreichen. Sie versetzen aber auch die anderen in Schwingungen, die angestoßen werden und vielleicht aufgeweckt werden, eigene Entscheidungen zu treffen. Es ist ein Gewaltakt, der Spuren hinterlässt.

Andere lösen sich still vom Netz und fallen einfach hinab. Sie sind die, die vergessen werden, die keine Spuren hinterlassen. Die da waren, aber auch wieder nicht.

Alle, die Veränderungen wollen, müssen am Rand des Netzes stehen, sonst fehlt ihnen die Freiheit. Sie tragen alle die Angst in sich zu fallen. Erst wenn wir die Angst beherrschen können wir die Freiheit annehmen.

Impressum

© 2015
Text, Layout: Dr. Martin Kreuels (www.fotografie-kreuels.de)
Lektorat (Epilog): Hilke Bultmann (Hamburg)
Herstellung und Verlag: Books on Demand GmbH,
Norderstedt
ISBN 978-3-7347-8969-4